NGAKCHIA CAAH BIAHALNAK LE LEHNAK
Questions & Answers
(for Kids)

Vailamtah B&B Ministry
The Cross Ministry
(Tha Tlung Lian)

NGAKCHIA CAAH BIAHLANAK LE LEHNAK

Ngakchia (4-16) nih Khrihfa zumhnak a biapi mi cawnpiaknak hna kha ningcang tein an cawn khawh. Ngakchia nih Theological ruahnak an cawn khawh nakhnga bawmhchanh awkah, a tanglei biahalnak le lehnak 76 hna cu a tlangpi in phun paruk ah an i then.

CUN JESUH NIH CATHIANG CHUNGAH, MOSES CAUK HNA THAWK IN PROFET HNA ṬIALMI CAUK HNA TIANG, AMAH KONG AA ṬIALMI VIALTE KHA FIANG TEIN A CHIMH HNA.
LUKA 24:27

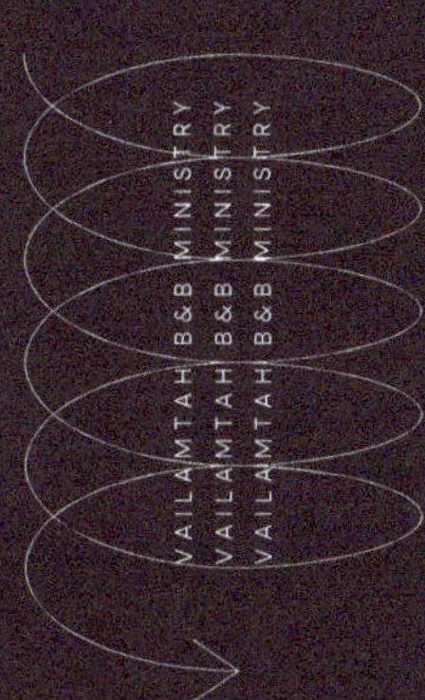

A Kawlnak

Pathian   Minung   Jesuh   Baibal

Khrihfabu   Khrihfa Nun   Caan Donghnak

BAIBAL CHUNG I JESUH HMUHNAK

- Jesuh Kong Biaphuan
- Jesuh Langhnak
- Jesuh Hmanthlak
- Jesuh Hmanthlak
- Thawngtha Biatak
- Pathian Khamhnak Tuanbia

For More Information
Visit Here: www.vbbm.app

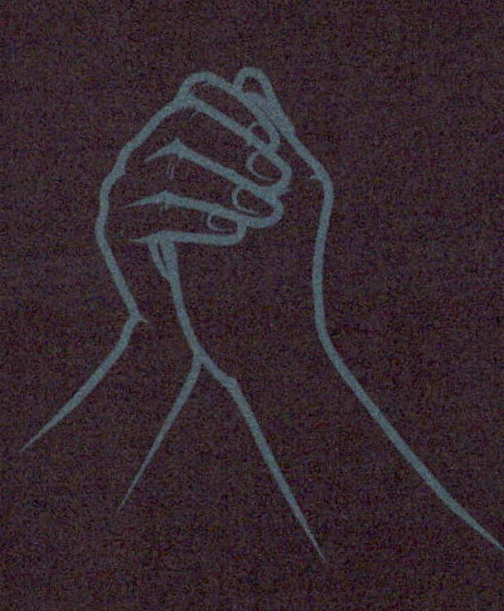

Pathian

1

Pathian cu ahodah a si?
Ngakchia: Pathian cu a kan Sertu le zeizong vialte Siangpahrang a si.
Ngakchia deuh: Pathian cu a kan sertu le siangpahrang a si.

2

Pathian cu sermi a si maw?
Ngakchia: A si lo. Pathian cu a rak um zungzal i a um zungzal lai.
Ngakchia deuh: A si lo. Pathian cu a um zungzal mi a si.

3

Pathian zeizat dah an um?
Ngakchia: A hmanmi Pathian - Biak awktlak a si mi cu pakhat lawnglawng a um.
Ngakchia deuh: A hmanmi Pathian cu pakhat lawnglawng a um.

4

Thumkomh Pathian cu zeidah a si?
Ngakchia: Thumkomh Pathian cu Pa Pathian, Fapa Pathian le Thiang Thlarau Pathian timi minung pathum in a ummi Pathian taktak pakhat lawng a si.
Ngakchia deuh: Thumkkomh Pathian cu Pa Pathian, Fapa Pathian le Thiang Thlarau Pathian hna an si.

5

Pathian cu zeidah a si?
Ngakchia: Pathian cu a thiang, a ttha, dawtnak a ngeimi a si.
Ngakchia deuh: Pathian cu a thiang, a ttha, dawtnak a ngeimi a si.

GOD

<table>
<tr><td>1</td><td>

WHO IS GOD?
Kids: God is our Creator and King of everything.
PRESCHOOL: God is our Creator and King.

</td></tr>
<tr><td>2</td><td>

WAS GOD CREATED?
KIDS: No, God has always existed and will always exist.
PRESCHOOL: No, God has always existed.

</td></tr>
<tr><td>3</td><td>

HOW MANY GODS ARE THERE?
KIDS: There is one true God who alone deserves worship.
PRESCHOOL: There is one true God.

</td></tr>
<tr><td>4</td><td>

WHAT IS THE TRINITY?
KIDS: The Trinity is the one true God existing in three Persons: God the Father, God the Son, and God the Holy Spirit.
PRESCHOOL: The Trinity is God the Father, God the Son, and God the Holy Spirit.

</td></tr>
<tr><td>5</td><td>

WHAT IS GOD LIKE?
KIDS: God is holy, good, and loving.
PRESCHOOL: God is holy, good, and loving.

</td></tr>
</table>

Pathian

6

Pathian cu a tlingmi a si maw?
Ngakchia: A si. Pathian cu zeizong vialte ah a tling.
Amah cu Ahohmanh le zeihmanh nih tahchunh khawh a si lo.
Ngakchia deuh: A si. Pathian nih a hmaanmi kha a tuah zungzal.

7

Pathian nakin a ngan deuhmi asiloah thil pakhatkhat an um maw?
Ngakchia: An um lo. Pathian cu zeizong vialte le mi vialte nakin a ngan deuh.
Ngakchia deuh: An um lo. Pathian cu zeizong vialte nakin a ngan deuh.

8

Pathian nih zeidah a hngalh?
Ngakchia: Pathian nih hlanlio, tuchan le hmailei kong vialte a hngalh dih.
Ngakchia deuh: Pathian nih zeizong vialte a hngalh dih.

9

Ahodah zeizong vialte uktu a si?
Ngakchia: Vancung le vawlei i a ummi thil vialte hi Pathian nih a uk dih hna.
Pathian khuakhannak lengah zeihmanh a um lo.
Ngakchia deuh: Pathian nih zeizong vialte a uk dih.

10

Pathian nih a tuah khawh lomi a um maw?
Ngakchia: Pathian nih zeizong vialte hi a sining ning in a tuah khawh.
Pathian cu a sual kho lo.
Ngakchia deuh: Pathian nih zeizong vialte a tuah khawh.

GOD

6 **IS GOD PERFECT?**
KIDS: Yes, God is perfect in every way. No one and nothing compares to God.
PRESCHOOL: Yes, God always does what is right.

7 **IS ANYTHING OR ANYONE GREATER THAN GOD?**
KIDS: No, God is greater than everything and everyone.
PRESCHOOL: No, God is greater than everything.

8 **WHAT DOES GOD KNOW?**
KIDS: God knows everything about the past, present, and future.
PRESCHOOL: God knows everything.

9 **WHO IS IN CONTROL OF EVERYTHING?**
KIDS: God is in control of everything in heaven and on earth. Nothing is outside of God's good plan.
PRESCHOOL: God is in control of everything.

10 **IS THERE ANYTHING GOD CANNOT DO?**
KIDS: God can do all things according to His character. God can not sin.
PRECHOOL: God can do all things.

Pathian

11

Pathian hi a biakamnak a fek maw?
Ngakchia: A si. Pathian cu zumhawktlak a si caah a biakam kha a tlinter zungzal.
Ngakchia deuh: A si. Pathian nih a biakamnak kha a tlinter zungzal.

12

Aho nih dah zeizong te a ser?
Ngakchia: Pathian nih van le vawlei, kan hmuh khawh lomi thil vialte zong a ser hna.
Ngakchia deuh: Pathian nih zeizong vialte a ser.

13

Zeiruangah Pathian nih zeizong vialte a ser?
Ngakchia: Pathian nih zeizong vialte hi amah sunparnak caah le
kan thatnak caah a sermi a si.
Ngakchia deuh: Pathian nih zeizong vialte hi a sunparnak caah a sermi a si.

14

Pathian sermi cu zeidah an lawh?
Ngakchia: Pathian nih zeizong vialte hi tlamtling tein a ser dih hna.
Ngakchia deuh: Pathian nih zeizong vialte tlamtling tein a ser.

15

Pathian nih a sermi cu zeitindah a zohkenh?
Ngakchia: Pathian nih a sermi thil kha a tlingmi a khuakhan ning in
a dawt hna i a uk hna.
Ngakchia deuh: Pathian nih a sermi thil vialte kha a dawt hna i a uk hna.

11   **DOES GOD KEEP HIS PROMISES?**
KIDS: Yes, God always keeps His promises because He is faithful.
PRESCHOOL: Yes, God always keeps His promises.

12   **WHO CREATED EVERYTHING?**
KIDS: God created the universe, even things we cannot see.
PRESCHOOL: God created everything.

13   **WHY DID GOD CREATE EVERYTHING?**
KIDS: God created everything for His glory and our good.
PRESCHOOL: God created everything for His glory.

14   **WHAT WAS GOD'S CREATION LIKE?**
KIDS: God created everything perfectly good.
PRESCHOOL: God created everything perfect.

15   **HOW DOES GOD CARE FOR HIS CREATION?**
KIDS: God loves and rules over His creation according to His perfect plan.
PRESCHOOL: God loves and rules over all He made.

Minung

16

Zeiruangah Pathian nih minung a ser?
Ngakchia: Pathian nih minung cu Amah biak awk, dawt awk le a sunparnak langhter awk ah a ser hna.
Ngakchia deuh: Pathian nih minung cu Amah dawt awk le sunparnak pek awk ah a ser hna.

17

Zeinihdah Minung hi a sunglawi ter?
Ngakchia: Minung cu Pathian muisam keng in, pa le nu in, Amah hngalh awkah sermi kan si caah a hleicemi kan si.
Ngakchia deuh: Pathian nih amah muisam keng in a kan ser caah minung hi kan hleice.

18

Pathian nih a ser hmasa bikmi ahodah an si?
Ngakchia: Pathian nih Adam le Evi cu a hmasa bik pa le nu in a ser hna.
Ngakchia deuh: Pathian nih Adam le Evi cu a ser hna.

19

Sualnak cu vawlei ah zeitindah a luh?
Ngakchia: Adam le Evi nih Pathian khuakhannak kha an i bochan lo i Pathian nawl kha an ngai lo.
Ngakchia deuh: Adam le Evi nih Pathian nawl an ngai lo.

16 **WHY DID GOD CREATE PEOPLE?**
KIDS: God created people to worship Him, love Him, and show His glory.
PRESCHOOL: God created people to love Him and give Him glory.

17 **WHAT MAKES PEOPLE SPECIAL?**
KIDS: People are special because we are made in God's image, as male and female, to know Him.
PRESCHOOL: People are special because God made us in His own image.

18 **WHO WERE THE FIRST PEOPLE GOD CREATED?**
KIDS: God created Adam and Eve as the first man and woman.
PRESCHOOL: God created Adam and Eve.

19 **HOW DID SIN ENTER THE WORLD?**
KIDS: Adam and Eve did not trust God's plan and they disobeyed God.
PRESCHOOL: Adam and Eve disobeyed God.

Minung

20   **Sual tuah timi a sullam cu zeidah a si?**
Ngakchia: Sual tuah timi cu Pathian le a nawlbia he aa ralchanhmi zei lam hmanh in ruah, chim, ziaza ngeih kha a si.
Ngakchia deuh: Sualnak tuah cu Pathian le a nawlbia doh a si.

21   **Adam le Eve sualnak ruangah zeidah a cang?**
Ngakchia: Sualnak vawlei ah a luh hnu ah Pathian vawlei cu a rawk i,
Mi vialte cu misual in hrin kan si.
Ngakchia deuh: Mi vialte cu misual in hrin kan si.

22   **Zeiruangah sualnak nih Pathian he a kan ṭhen?**
Ngakchia: Pathian cu a thiang caah sualnak nih Pathian he kan i pehtlaihnak a hrawh.
Ngakchia deuh: Zeicahtiah Pathian cu a thiangmi a si.

23   **Sual man cu zeidah a si? Sualnak caah dandatnak cu zeidah a si?**
Ngakchia: Sualnak man cu thihnak a si.
Ngakchia deuh: Sual man dantatnak cu thihnak a si.

24   **Sualnak nih a hrawhmi kha zeitindah Pathian nih remh a timh?**
Ngakchia: Pathian nih vawlei a ser hlan in misual khamh awkah
Messiah thlah ding in khuakhannak a rak ngei.
Ngakchia deuh: Pathian nih Jesuh thlah a timh.

20   **WHAT DOES IT MEAN TO SIN?**
KIDS: To sin is to think, say, or behave in any way that goes against God and His commands.
PRESCHOOL: To sin is to go against God and His commands.

21   **WHAT HAPPENED BECAUSE OF ADAM AND EVE'S SIN?**
KIDS: After sin entered the world, God's world was corrupted, and all people were born sinners.
PRESCHOOL: All people were born sinners.

22   **WHY DOES SIN SEPARATE US FROM GOD?**
KIDS: Because God is holy, sin has broken our relationship with God.
PRESCHOOL: Because God is holy.

23   **WHAT IS THE FAIR PAYMENT FOR SIN?**
KIDS: The fair payment for sin is death.
PRESCHOOL: The punishment for sin is death.

24   **HOW DID GOD PLAN TO FIX WHAT SIN BROKE?**
KIDS: Before He created the world, God planned to send the Messiah to save sinners.
PRESCHOOL: God planned to send Jesus.

Minung

25

Zeitindah khamh kan si lai?
Ngakchia: Jesuh zumhnak thawng lawng in khamh kan si.
Ngakchia deuh: Jesuh kan i bochannak lawnglawng in khamh kan si.

26

Jesuh vawlei a rat hlan ah zeitindah mi cu khamh an si?
Ngakchia: Mi hna cu Messiah thlah dingin Pathian biakam
zumhnak thawngin khamh an si.
Ngakchia deuh: Mi hna cu Pathian nih khamhtu ka thlah lai tiah
bia a kamhmi zumhnak thawngin khamh an si.

27

Ahodah khamh a si lai?
Ngakchia: Sualnak aa ngaichih i Jesuh aa bochanmi paoh cu khamh an si lai.
Ngakchia deuh: Sualnak aa ngaichih i Jesuh aa bochanmi paoh cu khamh an si lai.

28

Ngaihchihnak cu zeidah a si?
Ngakchia: Ngaihchihnak cu sualnak kaltak in Jesuh lei panh kha a si.
Ngakchia deuh: Ngaihchihnak cu sualnak kaltak in Jesuh lei panh kha a si.

25

HOW CAN WE BE SAVED?
KIDS: We are only saved through faith in Jesus.
PRESCHOOL: We are only saved by trusting in Jesus.

26

HOW WERE PEOPLE SAVED BEFORE JESUS CAME TO EARTH?
KIDS: People were saved by faith in God's promise to send the Messiah.
PRESCHOOL: People were saved by faith in God's promise to send a Rescuer.

27

WHO WILL BE SAVED?
KIDS: Anyone who repents of sin and trusts in Jesus will be saved.
PRESCHOOL: Anyone who repents of sin and trusts in Jesus will be saved.

28

WHAT IS REPENTANCE?
KIDS: Repentance is turning away from sin and turning to Jesus.
PRESCHOOL: Repentance is turning away from sin and turning to Jesus.

Jesuh

29

Jesuh cu ahodah a si?
Ngakchia: Jesuh cu Messiah, Pathian fapa, vawlei ah kanmah khamh awk ah
a rami a si.
Ngakchia deuh: Jesuh cu kanmah khamh awkah vawlei ah a rami Pathian fapa a si.

30

Jesuh hi Pathian asiloah Minung dah a si?
Ngakchia: Pathian fapa a si bantukin, Jesuh cu Pathian tling le minung tling a si.
Ngakchia deuh: Jesuh cu Pathian tling le minung tling a si.

31

Zeiruangah Jesuh hi minung ah a cang?
Ngakchia: Jesuh cu a Pa khuakhannak zulh awk le misual khamh awk ah
minung ah a cang.
Ngakchia deuh: Jesuh cu misual khamh awkah minung ah a cang.

32

Zeitindah Jesuh vawlei a ra?
Ngakchia: Jesuh cu ngaknu thiang nih a hrinmi a si.
Ngakchia deuh: Jesuh cu naute in a chuak.

33

Jesuh nih sualnak a tuah bal maw?
Ngakchia: Jesuh nih sualnak a tuah bal lo.
Ngakchia deuh: Jesuh nih sualnak a tuah bal lo.

JESUS

29

WHO IS JESUS?
KIDS: Jesus is the Messiah, the Son of God, who came to earth to save us.
PRESCHOOL: Jesus is the Son of God who came to earth to save us.

30

IS JESUS GOD OR A HUMAN?
KIDS: As the Son of God, Jesus is both fully God and fully human.
PRESCHOOL: Jesus is both fully God and fully human.

31

WHY DID JESUS BECOME HUMAN?
KIDS: Jesus became human to obey His Father's plan and rescue sinners.
PRESCHOOL: Jesus became human to rescue sinners.

32

HOW DID JESUS COME TO EARTH?
KIDS: Jesus was born of a virgin.
PRESCHOOL: Jesus was born as a baby.

33

DID JESUS EVER SIN?
KIDS: No, Jesus never sinned.
PRESCHOOL: No, Jesus never sinned.

Jesuh

34 **Jesuh nih vawlei a um lioah zeidah a cawnpiak?**
Ngakchia: Jesuh nih Pathian le a pennak kong a cawnpiak hna.
Cathiang vialte cu Amah kong a si tiah a cawnpiak hna.
Ngakchia deuh: Jesuh nih Pathian le a pennak kong a cawnpiak hna.

35 **Zeiruangah Jesuh nih khuaruahhar thil a tuah?**
Ngakchia: Jesuh nih Pathian sunparnak, Pathian fapa a sinak langhternak le
mi zawnruahnak caah khuaruahhar thil a tuah.
Ngakchia deuh: Jesuh nih Pathian fapa a si ti langhternak caah
khuaruahhar thil a tuah.

36 **Jeitindah Jesuh cu a tlingmi profet a si?**
Ngakchia: Jesuh nih Pa Pathian kha tlamtling tein a phuan i profet hna nih
an chimmi kha a tlinter.
Ngakchia deuh: Pathian nih Jesuh hmangin bia a kan ruah.

37 **Zeitindah Jesuh cu a tlingmi tlangbawi a si?**
Ngakchia: Jesuh cu sualnak caah raithawinak tling a si, cun nihin ah kan caah
Pa Pathian sinah bia a chim.
Ngakchia deuh: Jesuh nih sual caah a tlingmi raithawinak ah a nunnak a pek.

JESUS

34   **WHAT DID JESUS TEACH WHEN HE WAS ON EARTH?**
KIDS: Jesus taught about God and His kingdom.
He taught that all Scripture is about Him.
PRESCHOOL: Jesus taught about God and His kingdom.

35   **WHY DID JESUS PERFORM MIRACLES?**
KIDS: Jesus performed miracles to glorify God, show He is God's Son,
and care for people.
PRESCHOOL: Jesus performed miracles to show He is the Son of God.

36   **HOW IS JESUS THE PERFECT PROPHET?**
KIDS: Jesus perfectly reveals God the Father and fulfills what the prophets spoke.
PRESCHOOL: God speaks to us through Jesus.

37   **HOW IS JESUS THE PERFECT PRIEST?**
**KIDS: Jesus was the perfect sacrifice for sin, and He speaks to God
the Father for us today.**
PRESCHOOL: Jesus gave His life as the perfect sacrifice for sin.

38
Zeitindah Jesuh cu a tlingmi Siangpahrang a si?
Ngakchia: Jesuh nih siangpahrang vialte Siangpahrang bantukin
van le vawlei kha tlamtling tein a uk.
Ngakchia deuh: Jesuh nih zeizong vialte kha tlamtling tein a uk dih.

39
Kan khamhnak caah Jesuh nih zeidah a tuah?
Ngakchia: Jesuh cu sualnak ngeilo nun in a nung, vailam cung ah a thi i
thihnak in a tho than.
Ngakchia deuh: Jesuh cu vailam cungah a thi i thihnak in a tho than.

40
Atu hi Jesuh khoi ka ah a um?
Ngakchia: Jesuh cu van ah a kai i Pa orhlei kamah a ṭhu.
Ngakchia deuh: Jesuh cu vancung ah a um.

41
Jesuh i bochan ti cu zeidah a sullam a si?
Ngakchia: Jesuh thihnak le thawhthannak nih kan sualnak a kan cham dih ti
zumh kha a si.
Ngakchia deuh: Jesuh nih kan sualnak caah dantatnak a lak ti zumh kha a si.

38 **HOW IS JESUS THE PERFECT KING?**
KIDS: Jesus perfectly rules over the universe as the King of kings.
PRESCHOOL: Jesus perfectly rules over everything.

39 **WHAT DID JESUS DO TO SAVE US?**
KIDS: Jesus lived a sinless life, died on the cross, and rose from the dead.
PRESCHOOL: Jesus died on the cross and rose from the dead.

40 **WHERE IS JESUS NOW?**
KIDS: Jesus ascended to heaven where He is seated at the right hand of the Father.
PRESCHOOL: Jesus is in heaven.

41 **WHAT DOES IT MEAN TO TRUST IN JESUS?**
KIDS: To trust in Jesus means believing that Jesus' death and resurrection paid for our sin.
PRESCHOOL: To trust in Jesus means believing that Jesus took the punishment for our sin.

42 **Baibal cu zeidah a si?**
Ngakchia: Pathian le kanmah kong ah a hmaanmi a kan chimtu Pathian bia a si.
Ngakchia deuh: Baibal cu Pathian bia a si.

43 **Aho nih dah Baibal a ṭial?**
Ngakchia: Thiang Thlarau nih tuanbia chung vialte ah mi cheukhat kha
Baibal ṭial awkah a forh hna - Minung 40 hrawng an si.
Ngakchia deuh: Thiang Thlarau nih mi cheukhat kha Baibal ṭial awkah a forh hna.

44 **Baibal cu a hmaan maw?**
Ngakchia: Baibal cu a hmaan i palhnak a ngei lo.
Ngakchia deuh: Baibal cu a hmaan.

45 **Baibal cu zeidah a si?**
Ngakchia: Baibal cu Pathian nih Jesuh thawngin minung khamh a timhmi tuanbia a si.
Ngakchia deuh: Pathian nih Jesuh thawngin minung khamh a timhmi kong a si.

46 **Nawlbia pahra nih zeidah a kan cawnnak?**
Ngakchia: Nawlbia pahra nih Pathian dawt ding le minung dawt ding a kan cawnpiak.
Ngakchia deuh: Pathian dawt ding le minung dawt ding a kan cawnpiak.

BIBLE

42 **WHAT IS THE BIBLE?**
KIDS: The Bible is God's Word that tells us what is true about God and ourselves.
PRESCHOOL: The Bible is God's Word.

43 **WHO WROTE THE BIBLE?**
KIDS: The Holy Spirit inspired certain men throughout history to write the Bible.
PRESCHOOL: The Holy Spirit inspired certain men to write the Bible.

44 **IS THE BIBLE TRUE?**
KIDS: Yes, the Bible is true and has no error.
PRESCHOOL: Yes, the Bible is true.

45 **WHAT IS THE BIBLE ABOUT?**
KIDS: The Bible is the story of God's plan to save people through Jesus.
PRESCHOOL: The Bible is about God's plan to save people through Jesus.

46 **WHAT DO THE TEN COMMANDMENTS TEACH US?**
KIDS: The Ten Commandments teach us to love God and love people.
PRESCHOOL: The Ten Commandments teach us to love God and love people.

Baibal

47 Biakam Hlun nawlbia/phung nih a tinhmi cu zeidah a si?
Ngakchia: Pathian nawlbia nih Pathian a thiangmi sinak, a sualmi kan sinak le khamhtu kan herhnak kha a kan hmuhsak.
Ngakchia deuh: Pathian nawlbia nih khamhtu kan herhnak kha a kan hmuhsak.

48 Jesuh nih zei nawlbia dah a lian bik a ti?
Ngakchia: Jesuh nih Nawlbia ngan bik cu nunnak dihlak in Pathian dawt hi a si ati.
Ngakchia deuh: Jesuh nih nawlbia nganbik cu Pathian dawt hi a si tiah a ti.

49 Jesuh nih nawlbia lian biak pahnihnak ah zeidah a chim?
Ngakchia: Nawlbia nganbik pahnihnak cu nangmah le nangmah naa dawt bantuk in midang kha dawt hi a si a ti.
Ngakchia deuh: Jesuh nih nawlbia ngan bik pahnihnak cu midang dawt hi a si tiah a ti.

50 Zeiruangah Pathian nih Baibal chung ah nawlbia a kan pek?
Ngakchia: Pathian nawlbia nih zeitindah nunnak hi a ṭha bik ti kha a kan hmuhsak.
Ngakchia deuh: Pathian nawlbia nih nunnak hi zeitindah a tha bik timi a kan hmuhsak.

51 Pathian nawl vialte kan zulh khawh maw?
Ngakchia: Misual kan si caah Pathian nawlbia vialte kan zul kho lo.
Ngakchia deuh: Misual kan si caah Pathian nawlbia vialte kan zul kho lo.

BIBLE

47   **WHAT IS THE MAIN PURPOSE OF THE OLD TESTAMENT LAW?**
KIDS: God's Law shows us God's holy nature, our sinful nature, and our need for a Savior.
PRESCHOOL: God's Law shows us our need for a Savior.

48   **WHAT DID JESUS SAY IS THE GREATEST COMMANDMENT?**
KIDS: Jesus said the greatest commandment is to love God with your whole being.
PRESCHOOL: Jesus said the greatest commandment is to love God.

49   **WHAT DID JESUS SAY IS THE SECOND GREATEST COMMANDMENT?**
KIDS: Jesus said the second greatest commandment is to love others as yourself.
PRESCHOOL: Jesus said the second greatest commandment is to love others.

50   **WHY DOES GOD GIVE US COMMANDS IN THE BIBLE?**
KIDS: God's commands show us how life works best.
PRESCHOOL: God's commands show us how life works best.

51   **CAN WE OBEY ALL OF GOD'S COMMANDS?**
KIDS: We cannot obey all of God's commands because we are sinners.
PRESCHOOL: We cannot obey all of God's commands because we are sinners.

52 **Khrihfabu cu zeidah a si?**
Ngakchia: Khrihfabu cu hmun kip ah a ummi Pathian biak le a riantuan dingah a pummi Khrihfa dihlak hi an si.
Ngakchia deuh: Khrihfabu cu hmun kip ah a ummi Khrihfa dihlak hi an si.

53 **Khrihfabu lu asiloah hruaitu cu ahodah a si?**
Ngakchia: Jesuh cu Khrihfabu lu a si.
Ngakchia deuh: Jesuh cu Khrihfabu lu a si.

54 **Zeiruangah Khrihfabu cu a um?**
Ngakchia: Khrihfabu cu Pathian biaknak, a dawtnak langhternak le Jesuh kong kha midang chimhnak in Pathian sunparnak pek awkah a um.
Ngakchia deuh: Khrihfabu cu Pathian sunparnak pek awkah a um.

55 **Khrihfabu phunglam hna cu zeidah an si?**
Ngakchia: Tipil innak le Bawipa zanriah cu Jesuh nih Amah philh lonak ah a zultu hna tuah dingin a fialmi hna an si.
Ngakchia deuh: Jesuh nih a zultu hna kha zumtu hna tipil pe u law Bawipa zanriah ei u tiah a ti hna.

52 **WHAT IS THE CHURCH?**
KIDS: The church is all Christians everywhere who gather together in their communities to worship and serve God.
PRESCHOOL: The church is all Christians everywhere.

53 **WHO IS THE HEAD OR LEADER OF THE CHURCH?**
KIDS: Jesus is the head of the church.
PRESCHOOL: Jesus is the head of the church.

54 **WHY DOES THE CHURCH EXIST?**
KIDS: The church exists to glorify God by worshiping Him, showing His love, and telling others about Jesus.
PRESCHOOL: The church exists to glorify God.

55 **WHAT ARE THE ORDINANCES OF THE CHURCH?**
KIDS: Baptism and the Lord's Supper are the ordinances Jesus commanded His followers to do.
PRESCHOOL: Jesus told His followers to baptize believers and eat the Lord's Supper.

56

Bawipa zanriah cu zeidah a si?
Ngakchia: Bawipa zanriah cu khrihfa mi hna nih Jesuh thihnak le thawhthannak philh lonak caah changreu an ei i hrai an din caan a si.
Ngakchia deuh: Bawipa zanriah cu khrihfa hna nih jesuh philhlonak caah changreu an ei i hrai an din caan a si.

57

Tipil innak timi cu zeidah a si?
Ngakchia: Tipil innak cu Khrihfa mi hna nih Jesuh nih an sualnak a ngaihthiam cang hna i nunnak thar a pek hna ti kha midang sinah an langhter ning a si.
Ngakchia deuh: Tipil innak cu khrihfa mi hna nih Jesuh khamh awkah an i bochannak kha midang sinah an langhter ning a si.

58

Khrihfa kan sinak rian cu zeidah a si?
Ngakchia: Kan rian cu Thiang Thlarau ṭhawnnak thawngin miphun kip kha zultu siter kha a si.
Ngakchia deuh: Kan rian cu miphun kip kha Thiang Thlarau thawnnak thawngin Jesuh zultu siter hi a si.

56 **WHAT IS THE LORD'S SUPPER?**
KIDS: The Lord's Supper is when Christians eat the bread and drink the cup to remember Jesus' death and resurrection.
PRESCHOOL: The Lord's Supper is when Christians eat the bread and drink the cup to remember Jesus.

57 **WHAT IS BAPTISM?**
KIDS: Baptism is how Christians show others that Jesus has forgiven their sin and given them new life.
PRESCHOOL: Baptism is how Christians show others that they have trusted in Jesus to save them.

58 **WHAT IS OUR MISSION AS CHRISTIANS?**
KIDS: Our mission is to make disciples of all nations by the power of the Holy Spirit.
PRESCHOOL: Our mission is to make followers of Jesus from every nation by the power of the Holy Spirit.

59 Zeiruangah Pathian nih Khrihfa hna kha Jesuh kong kha midang chimh dingin a fial hna?
Ngakchia: Thawngtha an theih i an zumh khawh nak hnga midang kha
Jesuh kong kan chimh hna.
Ngakchia deuh: Thawngtha an theih i an zumh khawh nakhnga midang kha
Jesuh kong kan chimh hna.

60 Khrihfabu ruahchannak cu zeidah a si?
Ngakchia: Khrihfabu nih cun Jesuh a rat tthan tikah zeizong vialte a thar in
a ser tthan lai ti kha kan i hngahhlang.
Ngakchia deuh: Khrihfabu nih cun Jesuh nih a rat than tikah zeizong vialte a thar in
a ser tthan lai kha kan i ngaih tuk.

61 Hmailei ah Khrihfa vialte cungah zeidah a cang lai?
Ngakchia: Nikhat khat ah Khrihfa mi vialte nih Jesuh sunparnak he kan hmuh lai i
zungzal in a sinah kan um lai.
Ngakchia deuh: Nikhat khat ah Khrihfa mi vialte nih Jesuh sunparnak he
kan hmuh lai i zungzal in a sinah kan um lai.

59 **WHY DOES GOD COMMAND CHRISTIANS TO TELL OTHERS ABOUT JESUS?**
KIDS: We tell others about Jesus so they will hear and believe the good news.
PRESCHOOL: We tell others about Jesus so they will hear and believe the good news.

60 **WHAT IS THE HOPE OF THE CHURCH?**
KIDS: The church looks forward to Jesus' return when He will make all things new.
PRESCHOOL: The church looks forward to Jesus' return
when He will make all things new.

61 **WHAT WILL HAPPEN FOR ALL CHRISTIANS IN THE FUTURE?**
KIDS: One day, all Christians will see Jesus in His glory and live with Him forever.
PRESCHOOL: One day, all Christians will see Jesus in His glory and
live with Him forever.

62 **Zeiruangah Pathian sunparnak kan pek awk a si?**
Ngakchia: Pathian cu a sinak le a tuahmi ruangah sunparnak kan pek awk a si.
Ngakchia deuh: Pathian cu a sinak le a tuahmi ruangah sunparnak kan pek awk a si.

63 **Zeitindah Pathian sunparnak kan pek khawh?**
Ngakchia: Pathian kan dawt i a nawl kan ngaihnak thawngin sunparnak kan pek khawh.
Ngakchia deuh: Pathian kan dawt i a nawl kan ngaihnak thawngin sunparnak kan pek khawh.

64 **Zeiruangah Pathian nawl kan zulh awk a si?**
Ngakchia: Pathian nih a kan ser caah, a kan dawt caah le a khuakhanmi a ttha caah a nawl kan ngaih awk a si.
Ngakchia deuh: Pathian nih a kan ser caah, a kan dawt caah le a khuakhanmi a ttha caah a nawl kan ngaih awk a si.

65 **Zeiruangah Pathian kan i bochan khawh?**
Ngakchia: Pathian cu a sunparnak le kan thatnak caah zeizong vialte zumhtlak tein a tuah caah kan i bochan khawh.
Ngakchia deuh: Pathian nih ka tuah lai a timi kha a tuah caah kan i bochan khawh.

62 **WHY SHOULD WE GLORIFY GOD?**
KIDS: We should glorify God because of who He is and what He does.
PRESCHOOL: We should glorify God because of who He is and what He does.

63 **HOW CAN WE GLORIFY GOD?**
KIDS: We can glorify God by loving Him and obeying Him.
PRESCHOOL: We can glorify God by loving Him and obeying Him.

WHY SHOULD WE OBEY GOD?
KIDS: We should obey God because He made us, He loves us, and His plans are good.
64 **PRESCHOOL:** We should obey God because He made us, He loves us, and His plans are good.

WHY CAN WE TRUST GOD?
KIDS: We can trust God because He is faithful and does everything for His glory and our good.
65 **PRESCHOOL:** We can trust God because He does what He says He will do.

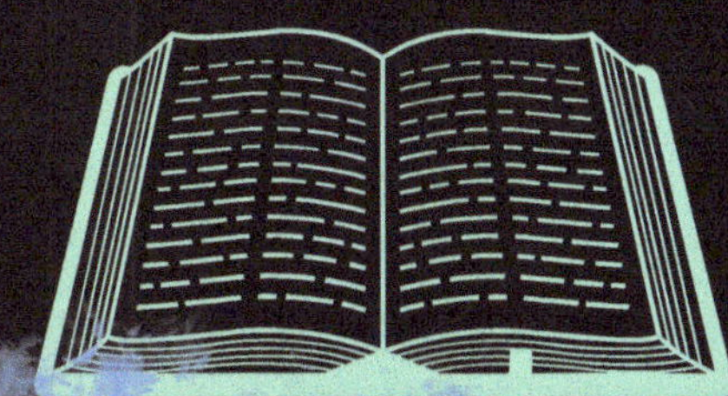

66 **Zeiruangah Khrihfa nih sualnak an tuah peng?**
Ngakchia: Khrihfa cu sual a duhmi thinlung kan ngei rih caah sualnak kan tuah peng. Sihmanhsehlaw, Jesuh a rat tthan tikah amah bantuk in sualnak ngei lo ah a kan ser te lai.
Ngakchia deuh: Sual a duhmi thinlung kan ngeih rih caah Khrihfa hna nih sualnak kan tuah peng.

67 **Khrihfa nih zeitindah sualnak kan hrial khawh?**
Ngakchia: Khrihfa nih Thiang Thlarau bawmhnak halnak in, Pathian Bia hngalhnak in, zumtu dang sinah kan sualnak phuannak in sualnak kan tei khawh.
Ngakchia deuh: Khrihfa nih Pathian sinah bawmhnak halnak in sualnak kan tei khawh.

68 **Zeitindah Thiang Thlarau nih Khrihfa a kan bawmh?**
Ngakchia: Pathian sunparnak caah kan nun tikah Thiang Thlarau nih a kan hnemh, kan sualnak a kan hmuhsak, lam a kan hruai.
Ngakchia deuh: Pathian sunparnak caah kan nun tikah Thiang Thlarau nih a kan hnemh, kan sualnak a kan hmuhsak, lam a kan hruai.

69 **Thlacamnak cu zeidah a si?**
Ngakchia: Thlacamnak cu Tathian thangthat, bawmhnak hal, kan sualnak phuan ding in Pathian he biaruah hi a si.
Ngakchia deuh: Thlacam cu Pathian he biaruah hi a si.

66 **WHY DO CHRISTIANS CONTINUE TO SIN?**
KIDS: Christians continue to sin because we still have a sinful nature
but when Jesus returns, He will make us sinless like Him.
PRESCHOOL: Christians continue to sin because we still have hearts that want to sin.

67 **HOW CAN CHRISTIANS SAY NO TO SIN?**
KIDS: Christians can say no to sin by asking the Holy Spirit for help, knowing God's
Word, and confessing our sins to other believers.
PRESCHOOL: Christians can say no to sin by asking God for help.

68 **HOW DOES THE HOLY SPIRIT HELP CHRISTIANS?**
KIDS: The Holy Spirit comforts us, shows us our sins, and guides us
as we live for God's glory.
PRESCHOOL: The Holy Spirit comforts us, shows us our sins, and guides us
as we live for God's glory.

69 **WHAT IS PRAYER?**
KIDS: Prayer is talking with God to praise Him, ask Him for help,
and confess our sins to Him.
PRESCHOOL: Prayer is talking with God.

70 **Zeiruangah thla kan cam?**
Ngakchia: Pathian kan zumh caah thla kan cam, cun a kan ngaih ti kan hngalh.
Ngakchia deuh: Pathian kan zumh caah thla kan cam, cun a kan ngaih ti kan hngalh.

71 **Biaknak cu zeidah a si?**
Ngakchia: Biaknak cu Pathian lianhngannak lawmhpi a si.
Ngakchia deuh: Biaknak cu Pathian lianhngannak lawmhpi a si.

72 **Thawngtha cu zeidah a si?**
Ngakchia: Thawngtha cu Pathian nih a fapa Jesuh kha vawlei ah misual khamh awk ah a thlah timi a si.
Ngakchia deuh: Thawngtha cu Pathian nih a fapa Jesuh kha vawlei ah misual khamh awk ah a thlah timi a si.

73 **Jesuh a rat ti ah zeidah a cang lai?**
Ngakchia: Jesuh nih vawlei hi bia a ceih lai; cun Amah aa bochanmi vialte nih thawhthannak pum an hmuh lai, sualnak in tling tein an luat lai i Pathian he zungzal in kan nung lai.
Ngakchia deuh: Jesuh nih sualnak kha a hloh lai i zumtu hna cu Pathian he zungzal in kan um lai.

70

WHY DO WE PRAY?
KIDS: We pray because we trust God and we know He hears us.
PRESCHOOL: We pray because we trust God and we know He hears us.

71

WHAT IS WORSHIP?
KIDS: Worship is celebrating the greatness of God.
PRESCHOOL: Worship is celebrating the greatness of God.

72

WHAT IS THE GOSPEL?
KIDS: The gospel is the good news that God sent His Son, Jesus,
into the world to rescue sinners.
PRESCHOOL: The gospel is the good news that God sent His Son, Jesus,
into the world to rescue sinners.

73

WHAT WILL HAPPEN WHEN JESUS RETURNS?
KIDS: Jesus will judge the world, and all who have trusted in Him
will receive resurrection bodies, be fully free from sin, and live with God forever.
PRESCHOOL: Jesus will get rid of sin, and believers will live with God forever.

74

Thiamcoternak cu zeidah a si?
Ngakchia: Pathian nih kan sualnak ngaihthiam a si cang i kannih cu miding kan si.
Ngakchia deuh: Pathian nih kan sualnak ngaihthiam a si cang i miding kan si tihi a si.

75

Cawmkennak cu zeidah a si?
Ngakchia: Pathian nih a chungkhar ah a fale bantukin a kan cohlan khi a si.
Ngakchia deuh: Pathian nih a chungkhar ah a fale bantukin a kan cohlan khi a si.

76

Thianternak cu zeidah a si?
Ngakchia: Thiang Thlarau thawnnak thawngin Jesuh he i lawh deuhnak lam kha a si.
Ngakchia deuh: Pathian nih Jesuh bantuk deuh in a kan ser ning a si.

74 **WHAT IS JUSTIFICATION?**
KIDS: Justification is when God declares that our sins are forgiven and we are righteous.
PRESCHOOL: Justification is when God says that our sins are forgiven and we are righteous.

75 **WHAT IS ADOPTION?**
KIDS: Adoption is when God welcomes us into His family as His children.
PRESCHOOL: Adoption is when God welcomes us into His family as His children.

76 **WHAT IS SANCTIFICATION?**
KIDS: Sanctification is the process of becoming more like Jesus by the power of the Holy Spirit.
PRESCHOOL: Sanctification is how God makes us more like Jesus.

77

Caan donghnak cu zeidah a si?
Ngakchia: Caan donghnak cu Jesuh a rat thannak le a donghnak biaceihnak caan khi a si.
Ngakchia deuh: Caan donghnak cu Jesuh a rat tthan khi a si.

78

Caan donghnak ah ho a ra ṭhan lai?
Ngakchia: Jesuh cu caan donghnak ah a ra than te lai.
Ngakchia deuh: Jesuh cu a ra than lai.

79

Jesuh a rat tiah zeidah a cang lai?
Ngakchia: Jesuh a rat tthan tikah a nungmi le a thimi vialte bia a ceih hna lai i a pennak cu zungzal in a dirh lai.
Ngakchia deuh: Jesuh nih mi vialte kha bia a ceih hna lai i zeizong vialte kha a thar in a ser hna lai.

80

A donghnak biaceihnak cu zeidah a si?
Ngakchia: A donghnak biaceihnak cu Jesuh nih mi vialte an zumhnak le an tuahsernak zoh in bia a ceih dingmi khi a si.
Ngakchia deuh: Jesuh nih ahodah vancung a kai lai timi bia a khiah lai.

77 **WHAT ARE THE END TIMES?**
KIDS: The end times are the period leading up to the return of Jesus and the final judgment.
PRESCHOOL: The end times are when Jesus comes back.

78 **WHO WILL RETURN IN THE END TIMES?**
KIDS: Jesus will return in the end times.
PRESCHOOL: Jesus will come back.

79 **WHAT WILL HAPPEN WHEN JESUS RETURNS?**
KIDS: When Jesus returns, He will judge the living and the dead and establish His kingdom forever.
PRESCHOOL: Jesus will judge everyone and make everything new.

80 **WHAT IS THE FINAL JUDGMENT?**
KIDS: The final judgment is when Jesus will judge everyone based on their faith and actions.
PRESCHOOL: Jesus will decide who goes to heaven.

Caan Donghnak

81 **Vancung cu zeidah a si?**
Ngakchia: Vanram cu zumtu hna nih Pathian he zungzal in kan umnak
hmun tling a si.
Ngakchia deuh: Vancung cu Pathian he zungzal kan umnak hmun a si.

82 **Hell cu zeidah a si?**
Ngakchia: Hell cu Pathian a hlawmi hna caah cun Pathian he i tthennak hmun a si.
Ngakchia deuh: Hell cu Pathian um lonak hmun a si.

83 **Ahodah Van ah a um lai?**
Ngakchia: Jesuh a zummi le a hnu a zulmi hna cu vanram ah an um lai.
Ngakchia deuh: Jesuh a dawmi hna cu vancung ah an um lai.

84 **Ahodah Hell ah a um lai?**
Ngakchia: Jesuh a hlawtmi le a zul lomi hna cu hell ah an um lai.
Ngakchia deuh: Jesuh a daw lomi hna cu hell ah an um lai.

85 **Thianglawr cu zeidah a si?**
Ngakchia: Thianglawr cu zumtu dihlak hi Jesuh ton dingin vancung ah
an nung in cawi khi a si.
Ngakchia deuh: Zumtu hna cu Jesuh ton awkah van ah an kai.

81 WHAT IS HEAVEN?
KIDS: Heaven is a perfect place where believers will live with God forever.
PRESCHOOL: Heaven is where we live with God forever.

82 WHAT IS HELL?
KIDS: Hell is a place of separation from God for those who reject Him.
PRESCHOOL: Hell is a place without God.

83 WHO WILL BE IN HEAVEN?
KIDS: Those who have faith in Jesus and follow Him will be in heaven.
PRESCHOOL: People who love Jesus will be in heaven.

84 WHO WILL BE IN HELL?
KIDS: Those who reject Jesus and do not follow Him will be in hell.
PRESCHOOL: People who do not love Jesus will be in hell.

85 WHAT IS THE RAPTURE?
KIDS: The rapture is when believers are taken up to meet Jesus in the air.
PRESCHOOL: Believers go up to meet Jesus.

86 **Caan donghnak hmelchunhnak cu zeidah a si?**
Ngakchia: Caan donghnak hmelchunhnak hna cu raldohnak, thilnung rawhralnak le thawngtha karhternak hna an si.
Ngakchia deuh: Raltuknak le lihninhnak a um lai.

87 **Harnak nganpi (Kum sarih harnak) cu zeidah a si?**
Ngakchia: Jesuh a rat tthan hlan ah fahnak fakpi tuar caan a si.
Ngakchia: Jesuh a rat tthan hlanah harnak caan a si.

89 **Kum thongkhat pennak cu zeidah a si?**
Ngakchia: Kum thongkhat pennak cu Jesuh nih vawlei ah kum 1,000 a uknak a si.
Ngakchia deuh: Jesuh nih kum 1,000 a uk lai.

90 **Van thar le vawlei thar cu zeidah a si?**
Ngakchia: Van thar le vawlei thar cu a donghnak biaceihnak hnu ah zumtu hna caah a tlingmi, zungzal umnak hmun a si.
Ngakchia deuh: Zumtu hna caah a tlingmi hmun thar a si.

END TIMES

86 **WHAT ARE SIGNS OF THE END TIMES?**
KIDS: Signs of the end times include wars, natural disasters, and the spread of the gospel.
PRESCHOOL: There will be wars and earthquakes.

87 **WHAT IS THE TRIBULATION?**
KIDS: The tribulation is a period of great suffering before Jesus returns.
PRESCHOOL: A time of trouble before Jesus comes back.

89 **WHAT IS THE MILLENNIUM?**
KIDS: The millennium is a 1,000-year reign of Jesus on earth.
PRESCHOOL: Jesus will rule for 1,000 years.

90 **WHAT IS THE NEW HEAVEN AND NEW EARTH?**
KIDS: The new heaven and new earth are the perfect, eternal home for believers after the final judgment.
PRESCHOOL: A new, perfect place for believers.

91 Caan donghnak ah zeitindah kan nung lai?
Ngakchia: Zumhawktlak tein kan nun awk a si; thawngttha bia i hrawm in midang kan dawt hna awk a si.
Ngakchia deuh: Jesuh kha daw law midang cungah zaangfahnak ngeih ding a si.

92 Zeiruangah Jesuh a ratthan hi a biapi?
Ngakchia: Jesuh rat tthannak hi a biapi tuk zeicahtiah Pathian biakam a tlinter lai i dinnak le daihnak a chuahpi lai.
Ngakchia: Jesuh nih zeizong vialte a remh dih lai.

91

HOW SHOULD WE LIVE IN THE END TIMES?
KIDS: We should live faithfully, sharing the gospel and loving others.
PRESCHOOL: Love Jesus and be kind to others.

92

WHY IS JESUS' RETURN IMPORTANT?
KIDS: Jesus' return is important because He will fulfill God's promises and bring justice and peace.
PRESCHOOL: Jesus will make everything right.

GOSPEL

Baibal tuanbia dihlak ah Jesuh a biapitnak hngalhthiam cu Cathiang hngalhthiamnak ah a biapi tukmi a si. Thawngtha cauk chung i chimmi Fapa Pathian minung sinak he, Biakam Hlun le Biakam Thar pahnih le Pathian Fapa kong a langhtermi le a langhnak aa dangmi hna hlathlainak in ṭhatnak kan hmu kho. Cuti kan tuahnak thawngin thawngttha le Pathian khamhnak tuanbia kan hngalh khawh.

Jesuh Kong Biaphuan

Jesuh Langhnak

Jesuh Kong Chimnak

Jesuh Hmanthlak

Thawngtha Biatak

Pathian Khamhnak Tuanbia

JESUH KONG BIAPHUAN

FIANTERNAK

Pathian nih a mi hna kha khamhtu, Messiah, a ra lai tiah bia a kamh hna i Amah a rat tikah zeidah a cang lai timi cheukhat kha a chimh hna i cuticun amah kha an hngalh khawh lai. Hi chimchungbia hna (Messiah kong chimchungbia ti zong ah auhmi) nih Biakam Hlun chung i mipi hna kha ruahchannak an pek hna i nihin ah Jesuh cu Biakammi a si ti zumhnak a kan pek.

TAHCHUNHNAK

- Nuthiang In Hrinnak (Isaiah 7:4)
- Harnak Tuarmi Sal (Isaiah 52-53)
- Zungzal Pennak (Daniel 7:14)
- Bethlehem ah Hrin/Chuak (Micah 5:2)
- Laafa Citnak (Zechariah 9:9)

NULEPA ASILOAH HRUAITU NIH ZEIDAH AN HNGALH A HERH?

- Biakam Hlun ah Jesuh kong chimchungbia 300 leng aa tel.
- Biakam Hlun i Jesuh kong chimchungbia hna cu Biakam Thar ah fehter an si.
- Jesuh nih mah chimchungbia hna a tlinter nak nih Pathian nih Jesuh kha biakammi Messiah in a thlah ti a langhter.

PRESCHOOLER (SIANGINN KAI DEUH LOMI) NGAKCHIA NIH ZEIDAH A HNGALH A HERH?

- Baibal nih Jesuh kong a kan cawnpiak.
- Jesuh a chuah hlan pi in Pathian nih Jesuh cu kan caah thlah dingah a rak timh cang.

PROPHECIES ABOUT JESUS

DEFINITION

God promised His people that a Rescuer, the Messiah, was coming and told them some of what would happen when He came so they would be able to recognize Him. These prophecies - also called Messianic Prophecies - gave hope to the people in the Old Testament and give confidence to us today that Jesus is the Promised One.

EXAMPLES

- Virgin birth (Isaiah 7:4)
- Suffering Servant (Isaiah 52-53)
- Eternal kingdom (Daniel 7:14)
- Born in Bethlehem (Micah 5:2)
- Ride on a colt (Zechariah 9:9)

WHAT DOES A PARENT OR LEADER NEED TO KNOW?

- The Old Testament includes more than 300 prophecies about Jesus.
- Old Testament prophecies about Jesus are confirmed in the New Testament.
- Jesus' fulfillment of these prophecies proves God sent
- Jesus as the promised Messiah.

- Profet hna nih Pathian sinin an theihmi bia kha mipi sinah thawngthanhnak an pek hna.
- Pathian nih Jesuh cu Messiah a si ti zeitindah an hngalh lai ti kha a chimh hna.
- Pathian kan i bochan khawh.
- Pathian nih a biakamnak kha a tlinter.

ELEMENTARY (SIANGINN KAI KA) NGAKCHIA NIH ZEIDAH A HNGALH A HERH?

- Bible dihlak nih Jesuh kong a kan cawnpiak dih.
- Jesuh a chuah hlanpi in Pathian nih kan sualnak ngaihthiam awkah Jesuh thlah dingin timhtuahnak a rak ngei cang.
- Pathian nih a mi hna cu Messiah hngalh khawhnak dingah zeidah a lawh lai i zeidah a tuah lai ti kha a rak chimh chung hna.
- Biaphuan hna nih Pathian mi hna kha ruahchannak an pek hna i Jesuh cu Messiah a si ti kha a kan hngalhter.

TEEN (TLEIRAWL) NGAKCHIA NIH ZEIDAH A HNGALH A HERH?

- Biakam Hlun le Biakam Thar hna nih Jesuh kong an kan cawnpiak.
- Pathian nih vawlei a ser hlan in Jesuh thlah ding in timhtuahnak a rak ngei cang.
- Pathian nih Jesuh lawnglawng kha kan sualnak chungin khamh khawhnak lam a kan pek.
- Pathian nih a mi hna kha Messiah kha zeitindah an hngalh lai ti kha a chimh hna, cu ah cun ahohmanh nih an uk khawh lomi thil tete zong aa tel.
- Jesuh chimchungbia a tlinnak nih Baibal cu a hmaan ti kha an fehter.

PROPHECIES ABOUT JESUS

WHAT DOES A PRESCHOOLER NEED TO KNOW?

- The Bible teaches us about Jesus.
- Long before Jesus was born, God made a plan to send Jesus.
- Prophets gave messages from God to His people.
- God told His people how they would know Jesus is the Messiah.
- We can trust God.
- God keeps His promises.

WHAT DOES AN ELEMENTARY KID NEED TO KNOW?

- All of the Bible teaches us about Jesus.
- Long before Jesus was born, God made a plan to send Jesus to forgive us of our sin.
- God told His people how they would know the Messiah by describing what He would be like and what He would do.
- Prophecies gave God's people hope and prove to us that Jesus is the Messiah.

WHAT DOES A TEEN NEED TO KNOW?

- Both the Old Testament and New Testament teach us about Jesus.
- God made a plan to send Jesus before He created the world.
- God provided Jesus as the only way to be saved from our sin.
- God told His people how they would know the Messiah by describing what He would be like, including details no one could control.
- Jesus' fulfillment of prophecies give us confidence that the Bible is true.

JESUH LANGHNAK

FIANTERNAK

Pathian Fapa cu a um zungzal mi a si. Vawlei ah taksa in hrin a si hlan ah Biakam Hlun chungah a langhnak zeimawzat hmuh a si.

TAHCHUNHNAK

- Melkhizedek (Genesis 14)
- Abraham khual pawl (Genesis 18)
- Jakob paih a zuammi (Genesis 32:22-32)
- Ralkap bawi (Joshua 5; Exodus 3, cf.)

NU LE PA ASILOAH HRUAITU NIH ZEIDAH AN HNGALH A HERH?

- Fapa Pathian cu a um zungzal.
- Biakam Hlun chungah Pathian nawlngeihnak a langhtermi asiloah Pathian bantukin a chimmi pakhatkhat a langh caan a um.
- Jesuh kong chimchungbia hna he aa lo loin Jesuh langhnak hna cu Cathiang ah a fiang lo, cucaah na cawnpiak hna tikah i ralring.

APPEARANCES OF JESUS

DEFINITION

The Son of God has always existed, and there are several times in the Old Testament where He may have appeared on earth before He was born.

EXAMPLES

- Melchizedek (Genesis 14)
- Abraham's visitors (Genesis 18)
- Jacob's wrestling opponent (Genesis 32:22-32)
- The commander of the army (Joshua 5; cf Exodus 3)

WHAT DOES A PARENT OR LEADER NEED TO KNOW?

- God the Son has always existed.
- There are times when someone appeared in the Old Testament who demonstrated the authority of God or spoke as God.
- Unlike prophecies about Jesus, appearances of Jesus are not clarified in Scripture, so take care when teaching them.

PRESCHOOLER (SIANGINN KAI DEUH LO) NGAKCHIA NIH ZEIDAH A HNGALH A HERH?

- Baibal nih Jesuh kong a kan cawnpiak.
- Jesuh cu Pathian cu zei bantuk dah a si ti kan hngalh khawh nakhnga bawmh awkah a ra.

ELEMENTARY (SIANGINN KAI KA) NGAKCHIA NIH ZEIDAH AN HNGALH A HERH?

- Pathian cu Minung pathum - Pa, Fapa le Thiang Thlarau in a um zungzal.
- Pa Pathian cu ahohmanh nih an hmu bal lo. (Johan 1:18; 4:24)
- Biakam Hlun ah Pathian a langhnak hna cu Pathian Fapa a si kho men, Pathian cu zeidah a lawh i zeidah a tuah lai ti langhternak caah a si.

TEEN (TLEIRAWL) NGAKCHIA NIH ZEIDAH A HNGALH A HERH?

- Biakam Hlun ah Fapa Pathian cu minung in a lang kho men nain Biakam Thar ahcun minung ah a cang taktak.
- Biakam Hlun ahcun (the) Bawipa vancungmi si loin (an) Bawipa vancungmi timi biafang nih Baibal nih Pathian Fapa kha a chim duhmi a si kho men timi hmelchunhnak dang pakhat a si.

APPREARANCES OF JESUS

WHAT DOES A PRESCHOOLER NEED TO KNOW?

- The Bible teaches us about Jesus.
- Jesus came to help us understand what God is like.

WHAT DOES AN ELEMENTARY KID NEED TO KNOW?

- God has always existed as three Persons-Father, Son, and Holy Spirit.
- • No one has seen God the Father. (John 1:18; 4:24)
- • Appearances of God in the Old Testament may have been of God the Son, to show what God is like and what He would do.

WHAT DOES A TEEN NEED TO KNOW?

- While God the Son may have appeared as a human in the Old Testament, He actually became a human in the New Testament.
- In the Old Testament, the phrase the angel of the Lord instead of an angel of the Lord is another clue that the Bible may be referring to the Son of God.

JESUH HMANTHLAK

FIANTERNAK

Baibal tuanbia nih mi kha sualnak chungin luatter dingah Pathian nih Khamhtu pek ding timi Pathian khuakhannak kha a hrampi ah a chiah. Pathian nih Baibal chung i minung taktak le thilri hna kha zohchunhawk hmangin Jesuh a langhter timi biakamnak hi a mi hna kha a theihter hna. Hmanthlak (Chimchungnak) pakhat cio nih a mi hna kha Jesuh kha ṭha deuh in an hngalh khawh nakhnga le a rat tikah an hngalh khawh nakhnga a bawmh hna.

TAHCHUNHNAK

- Puan biakinn le puanzar (Hebru 10:19-20)
- Raithawinak phunglam (Hebru 9:19-28)
- Lanhtak Puai tuufa (1 Korin 5:7)

NU LE PA ASILOAH HRUAITU NIH ZEIDAH AN HNGALH A HERH?

- Hmanthlak hna cu minung taktak le thilri taktak an si.
- Biakam hlun i Jesuh hmanthlak pawl kha a caan ahcun Biakam Thar ah fiang tein cawnpiak an si.
- Hmanthlak hmangin Jesuh kong kan hngalhmi cu a hmanthlak taktak nakin a ngan deuh.

IMAGES OF JESUS

DEFINITION

The story of the Bible centers on God's plan to provide a Rescuer to deliver people from sin. God reminded His people of this promise through repeated patterns of real people and objects in the Bible that point to Jesus. Each image helped His people better understand Jesus and recognize Him when He came.

EXAMPLES

- The tabernacle and veil (Hebrews 10:19-20)
- The sacrificial system (Hebrews 9:19-28)
- The Passover lamb (1 Corinthians 5:7)

WHAT DOES A PARENT OR LEADER NEED TO KNOW?

- Images are real people and real objects.
- Old Testament images of Jesus are sometimes clearly taught in the New Testament.
- What we learn about Jesus through the image is greater than the image itself.

IMAGES OF JESUS

PRESCHOOLER (SIANGINN KAI DEUH LO) NGAKCHIA NIH ZEIDAH A HNGALH A HERH?

- Baibal cu Jesuh kong tuanbia nganpi pakhat a si.
- Baibal tuanbia tampi cu an i khat (e.g., Pathian nih harnak a tongmi pakhatkhat kha a khamh, Pathian nih a mi hna nih amah i bochan hna seh ti a duh).

ELEMENTARY (SIANGINN KAI KA) NGAKCHIA NIH ZEIDAH AN HNGALH A HERH?

- Baibal nih a biapimi tlangtar hna kha a chim ṭhan.
- Baibal ah Jesuh a langhtermi hmanthlak le hmelchunhnak aa tel.
- Hmanthlak nih ruahnak nganpi pakhat a langhter.

TEEN (TLEIRAWL) NGAKCHIA NIH ZEIDAH A HNGALH A HERH?

- Biakam Hlun hmanthlak tampi cu Biakam Thar cawnpiaknak he aa pehtlai.
- Hmanthlak nih ruahnak nganpi pakhat a langhter nain lam dang zongin Jesuh he pehtlaihnak a ngei kho.

JESUH HMANTHLAK

WHAT DOES A PRESCHOOLER NEED TO KNOW?

- The Bible is one big story about Jesus.
- Many Bible stories sound the same (e.g., God rescues someone in distress, God wants His people to trust Him).

WHAT DOES AN ELEMENTARY KID NEED TO KNOW?

- The Bible repeats key themes.
- The Bible includes images and symbols that point to Jesus.
- Images convey one major idea.

WHAT DOES A TEEN NEED TO KNOW?

- Many images in the Old Testament connect with New Testament teachings.
- Images convey one major idea but may connect to Jesus in other ways as well.

JESUH HMANTHLAK

FIANTERNAK

Biakam Hlun tuanbia hna hi minung taktak le thil cangmi hna tuanbia an si i, Pathian nih Jesuh thawngin zeidah a tuah lai ti langhternak caah tuanbia tampi a hman. Hi tuanbia hna hi Jesuh tuanbia ngan deuh hmanthlak, asiloah thlalang an si.

TAHCHUNHNAK

- Noah le buanchukcho (Genesis 6-9)
- Abraham le Isak (Genesis 22)
- Moses nih mi a khamh hna (Exodus 1-14)
- Boaz nih Ruth a tlanhnak kong (Ruth 1-4)
- David le Goliath (1 Samuel 17)

NU LE PA ASILOAH HRUAITU NIH ZEIDAH AN HNGALH A HERH?

- Jesuh hmanthlak cu Jesuh hmanthlak nakin a kau deuh i minung le thilri lawng si loin tuanbia tlangtar le ruahnak he aa pehtlai.
- Jesuh hmanthlak cu a dihlak in Biakam Thar ah fehter an si lo.
- Jesuh hmanthlak hna cu tahchunhnak an si lo. Pumpak tuanbia cu an biapi asinain Jesuh he an i pehtlaihnak cu fawi tein hngalh khawh a si.

PICTURES OF JESUS

DEFINITION

The stories in the Old Testament are stories of real people and events, and God used many of the stories to show us what He would do through Jesus. These stories are pictures, or shadows, of the bigger story of Jesus.

EXAMPLES

- Noah and the flood (Genesis 6-9)
- Abraham and Isaac (Genesis 22)
- Moses' rescue of the people (Exodus 1-14)
- Boaz's redemption of Ruth (Ruth 1-4)
- David and Goliath (1 Samuel 17)

WHAT DOES A PARENT OR LEADER NEED TO KNOW?

- Pictures of Jesus are broader than images of Jesus and concern story themes and ideas, not just people and objects.
- Pictures of Jesus are not always confirmed in the New Testament.
- Pictures of Jesus are not allegories. Individual stories matter, but their connections to Jesus can easily be recognized.

JESUH HMANTHLAK

PRESCHOOLER (SIANGINN KAI DEUH LO) NGAKCHIA NIH ZEIDAH A HNGALH A HERH?

- Biakam Hlun Baibal tuanbia cheukhat nih Jesuh tuahmi kha a kan hngalhter ṭhan. (e.g., Moses nih Izipt ram sal tannak in mi a chuahpi hna bantuk in Jesuh nih sualnak sal sinak in a kan chuahpi).

ELEMENTARY (SIANGINN KAI KA) NGAKCHIA NIH ZEIDAH AN HNGALH A HERH?

- Biakam Hlun Baibal tuanbia cheukhat nih Jesuh hmanthlak an kan hmuhsak.
- Baibal tuanbia vialte cu a hmaanmi le a biapimi an si.

TEEN (TLEIRAWL) NGAKCHIA NIH ZEIDAH A HNGALH A HERH?

- Biakam Hlun Baibal tuanbia cheukhat nih nunning kan hngalh khawh nakhnga caah Jesuh hmanthlak an kan hmuhsak.
- Jesuh hmanthlak cu a hmaanmi tuanbia an si caah tahchunhnak ah ruah awk a si lo.

PICTURES OF JESUS

WHAT DOES A PRESCHOOLER NEED TO KNOW?

- Some Old Testament Bible stories remind us of what Jesus did. (e.g., like Moses led the people out of slave Egypt, Jesus leads us out of slavery from sin)

WHAT DOES AN ELEMENTARY KID NEED TO KNOW?

- Some Old Testament Bible stories show us pictures of Jesus.
- All Bible stories are true and important.

WHAT DOES A TEEN NEED TO KNOW?

- Some Old Testament Bible stories show us pictures of Jesus in order to help us know how to live.
- Pictures of Jesus are true stories and should not be seen as allegories.

GOSPEL BIATAK

FIANTERNAK

Baibal cu Jesuh kong hngalh awkah a kan bawmmi tuanbia sawhsawh a si lo; Amah hngalhnak le Amah thawngin Pathian he pehtlaihnak ngeih khawhnak a kan bawmtu a si. Biakam Hlun nih Pathian cu ahodah a si, ahodah kan si, Pathian sin in ngaihthiamnak le khamhnak kan herhnak le Pathian nih Jesuh thawngin a kan khamh khawhnak dingah zeidah a tuah ti kha a kan hngalhter.

TAHCHUNHNAK

- Buanchukcho le Pathian vel (Genesis 6-9)
- Tlangbawi hna le an raithawinak a tling lomi hna (Leviticus 16)
- Israel mi hna nawlngaih lonak phunphun (Biaceihtu 1)
- David sualnak le Pathian zaangfahnak (2 Samuel 11; Salm 51)
- A fekmi Pathian dawtnak (Hosea 1-3)
- Pathian lungsaunak le velngeihnak (Jonah 1-4)

NU LE PA ASILOAH HRUAITU NIH ZEIDAH AN HNGALH A HERH?

- Tuanbia kip hi Jesuh he an i pehtlaih asinain tuanbia paohpaoh nih chimchungbia, muisam, hmanthlak, asiloah hmanthlak hna in Amah he an i pehtlai lo. Jesuh cu tuanbia ah hramhram in kan luhter awk a si lo.
- Biakam Hlun tuanbia tampi nih thawngtha kong ah a hrampi biatak (e.g., Pathian thiannak, Pathian dinfelnak, Pathian dawtnak, minung sualnak) kha an cawnpiak asiloah an fehter.
- Hi thawngtha biatak vialte hi Jesuh nunnak, thihnak le thawhthannak ah a tlingmi an si.

GOSPEL TRUTHS

DEFINITION

The Bible is not just a story that helps us learn about Jesus; it is a story that helps us know Him and have a relationship with God through Him. The Old Testament helps us understand who God is, who we are, our need for forgiveness and salvation from God, and what God has done to save us through Jesus.

EXAMPLES

- The flood and God's grace (Genesis 6-9)
- The priests and their incomplete sacrifices (Leviticus 16)
- Israel's failures to obey time and time again (Judges 1)
- David's sin and God's mercy (2 Samuel 11; Psalm 51)
- God's faithful love (Hosea 1-3)
- God's patience and mercy (Jonah 1-4)

WHAT DOES A PARENT OR LEADER NEED TO KNOW?

- Every story connects to Jesus, but not every story connects to Him through prophecy, appearances, images, or pictures. We should not force Jesus into a story.
- Many Old Testament stories teach or reinforce basic truths about the gospel (e.g., God's holiness, God's justice, God's love, man's sinfulness).
- All of these gospel truths are fulfilled in the life, death, and resurrection of Jesus.

PRESCHOOLER (SIANGINN KAI DEUH LO) NGAKCHIA NIH ZEIDAH A HNGALH A HERH?

- Baibal nih sualnak le Pathian ngaihthiamnak kong a kan cawnpiak.
- Jesuh cu kan sualnak caah Pathian nih kan pek mi a si.

ELEMENTARY (SIANGINN KAI KA) NGAKCHIA NIH ZEIDAH AN HNGALH A HERH?

- Baibal nih sualnak kong le Pathian vel le ngaihthiamnak kong a kan cawnpiak.
- Pathian he pehtlaihnak kan ngeih khawh nakhnga thawngtha cu a um.

TEEN (TLEIRAWL) NGAKCHIA NIH ZEIDAH A HNGALH A HERH?

- Baibal nih kan sualnak kong le Pathian thiannak, velngeihnak le ngaihthiamnak kong a kan cawnpiak.
- Thawngtha cu mi nih Pathian he pehtlaihnak an ngeih khawh nakhnga caah a um.
- Thawngtha nih Pathian he pumpak pehtlaihnak ngeih dingin a kan sawm.

GODPEL TRUTHS

WHAT DOES A PRESCHOOLER NEED TO KNOW?

- The Bible teaches us about sin and God's forgiveness.
- Jesus is God's answer for our sin.

WHAT DOES AN ELEMENTARY KID NEED TO KNOW?

- The Bible teaches us about sin and about God's grace and forgiveness.
- The gospel exists so that we can have relationship with God.

WHAT DOES A TEEN NEED TO KNOW?

- The Bible teaches us about our sin and God's holiness, grace and forgiveness.
- The gospel exists so that people can have relationship with God.
- The gospel invites us to have a personal relationship with God.

Vailamtah B&B Ministry
The Cross Ministry

PATHIAN KHAMHNAK TUANBIA

FIANTERNAK

Baibal cu Pathian le Eden tiva ah a tlaumi thil remh ṭhan awkah Jesuh hmangin a khamhnak rian kong tuanbia nganpi pakhat a si. Baibal chung tuanbia tampi nih hi tuanbia hi an thanchoter.

TAHCHUNHNAK

- Thawngtha hmasabik langhnak(Genesis 3:15)
- Babel inn sang (Genesis 11)
- Abraham biakamnak (Genesis 12:1-3)
- Jesuh chuahkehnak (Matthai 1; Luka 3)

NU LE PA ASILOAH HRUAITU NIH ZEIDAH AN HNGALH A HERH?

- Baibal cu tuanbia nganpi pakhat a si.
- Baibal cu chan zulh in ṭialmi a si lo.
- Pumpak Baibal tuanbia hna cu Baibal tuanbia ngan deuh he aa pehtlai.

PRESCHOOLER (SIANGINN KAI DEUH LO) NGAKCHIA NIH ZEIDAH A HNGALH A HERH?

- Pathian nih a kan dawt i zeizong vialte a uk dih tiah Baibal nih a kan cawnpiak.
- Baibal cu Pathian nih zeitindah a kan khamh timi tuanbia nganpi pakhat a si.

GOD'S SALVATION STORY

DEFINITION

The Bible is one big story of God and His rescue mission through Jesus to restore what was lost in Eden. Many stories in the Bible advance this story.

EXAMPLES

- The first mention of the gospel (Genesis 3:15)
- The tower of Babel (Genesis 11)
- The Abrahamic Covenant (Genesis 12:1-3)
- The lineage of Jesus (Matthew 1; Luke 3)

WHAT DOES A PARENT OR LEADER NEED TO KNOW?

- The Bible is one big story.
- The Bible is not compiled in chronological order.
- Individual Bible stories connect to the bigger story of the Bible.

WHAT DOES A PRESCHOOLER NEED TO KNOW?

- The Bible teaches that God loves us and is in charge of everything.
- The Bible is one big story of how God rescues us.

PATHIAN KHAMHNAK TUANBIA

ELEMENTARY (SIANGINN KAI KA) NGAKCHIA NIH ZEIDAH AN HNGALH A HERH?

- Pathian khamhnak tuanbia cu cawlcanghnak nganpi pathum - sernak, tluknak, le chanhchuahnak ti in a um.
- Pathian nih Adam le Eve cu Amah he pehtlaihnak ngeih ding le Amah biak ding le rian tuan ding in a ser hna.
- Pathian khamhnak tuanbia nih mi kha zumtu chungkhar ah a luhter hna.

TEEN (TLEIRAWL) NGAKCHIA NIH ZEIDAH A HNGALH A HERH?

- Israel nih Pathian khamhnak tuanbia ah hmunhma a lak.
- Pathian khamhnak tuanbia ah Khrihfabu nih hmunhma a lak.
- Jesuh a rat tthannak i zeizong vialte a thar in a ser tthan ti cu Pathian khamhnak tuanbia a tlamtlinnak a si.

GOD'S SALVATION STORY

WHAT DOES AN ELEMENTARY KID NEED TO KNOW?

- God's salvation story consists of three big movements-creation, fall, and rescue.
- God created Adam and Eve to be in relationship with Him and to worship and serve Him.
- God's salvation story brings people into a family of believers.

WHAT DOES A TEEN NEED TO KNOW?

- Israel plays a role in God's salvation story.
- The Church plays a role in God's salvation story.
- Jesus returns - when He will makes all things new - the completion of God's salvation story.

Hi thil lianngan a tuahmi hna ka tialnak chan cu, nannih nih Jesuh cu Messiah, Pathian Fapa a si ti kha nan zumh i cu nan zumhnak thawngin amah min in nunnak nan hmuh nakhnga caah a si.

Johan 20:31

THESE ARE WRITTEN SO THAT YOU MAY BELIEVE THAT JESUS IS THE MESSIAH, THE SON OF GOD, AND THAT BY BELIEVING YOU MAY HAVE LIFE IN HIS NAME.

JOHN 20:31

Hi cauk na rel caah kan i lawm. Nangmah le na chungkhar caah thluachuah a si lai tiah kan i ruahchan. Na tha peknak le thazaang peknak hi kan caah sullam tampi a ngei. Hi cahmai chung i cawnmi le tuanbia hna nih na zumhnak fehternak le Pathian dawtnak he naihter chinchin seh tiah thla kan in cam piak.

"Sihmanhsehlaw Jesuh nih,
'Ngakchia tete cu ka sinah rater hna u, kham hna hlah u,
zeicahtiah cu bantuk cu Vancung Pennak ta a si,' a ti."
— Matthai 19:14 (ESV)

Bawipa rian ah,
Vailamtah B&B Ministry
(The Cross Ministry)

www.ingramcontent.com/pod-product-compliance
Lightning Source LLC
Chambersburg PA
CBHW041815110726
48006CB00019B/2386